AF326004

L'INTRIGUE

AUX FENÊTRES;

OPÉRA BOUFFON EN UN ACTE,

Paroles de MM. BOUILLY et Emm. DUPATY,

Musique de M. NICOLO-ISOUARD;

Représenté pour la première fois à Paris, sur le Théâtre de l'Opéra-Comique, le lundi 6 ventôse an XIII (1805).

A PARIS,

Chez BARBA, Libraire, Palais du Tribunat, derrière le Théâtre français.

AN XIII. — 1805.

PERSONNAGES.   ACTEURS.

M. RENARDIN DE LA PALISSADE,
ancien officier d'infanterie.. . . . M. CHENARD.

Mademoiselle DE LA GIRONDIÈRE,
belle-sœur de Renardin.. . . . . . Mad. GONTHIER.

CLÉMENCE, *fille unique de Re-
nardin*.. . . . . Mad. MOREAU-PINGENET.

SATINÉ, *manufacturier de papiers
peints, cousin de mademoiselle de
la Girondière, prétendu de Clé-
mence*.. . . . . MM. { JULIET.
                                       DOZAINVILLE.

FLORICOURT, *jeune capitaine de
cavalerie*. . . . . M. JOUSSERAND.

LORANGE, *valet de Floricourt*. . . M. MARTIN.

LOQUINET, *portier de M. Re-
nardin*.. . . . . M. LESAGE.

Un CAPORAL de la Garde. . . . . . M. PRÉVOST.

Un COMMISSAIRE.

Un HUISSIER.

COMMISSIONNAIRES.

VOISINS et VOISINES.

La GARDE.

*La scène se passe à Paris, rue du Petit-Musc, près de
l'Arsenal.*

DÉCORATION.

Le théâtre représente une rue prise dans sa largeur, c'est-à-dire une file de maisons faisant face au parterre, à peu de distance du rideau. Une seule coulisse suffit de chaque côté.

Au milieu est la maison de *Renardin*, à deux étages avec mansardes au-dessus. Au rez-de-chaussée, petites fenêtres grillées de chaque côté de la porte d'entrée, au-dessus de laquelle est un balcon de pierre avec une grande croisée à deux battans, découvrant l'intérieur d'un salon qui compose la pièce principale du premier étage.

De chaque côté de ce balcon de pierre est une croisée donnant dans une chambre plus petite que le salon. Celle à la gauche du spectateur est l'appartement de mademoiselle *de la Girondière*; celle à droite est l'appartement de *Clémence*. Un cheval de frise forme une séparation entre cette croisée de *Clémence* et la fenêtre d'un hôtel garni ci-après désigné. Sur la fenêtre de la jeune personne est une caisse de bois peinte en vert, dans laquelle sont des fleurs; ce qui rend l'intérieur de sa chambre un peu moins à découvert que les autres.

Au second étage de cette maison, trois croisées d'égale proportion. Celle à la gauche du spectateur est l'appartement de *Renardin*. Au-dessus de la croisée du milieu du second, une lucarne de mansarde, en œil de bœuf : c'est la chambre du portier.

Sur le côté de cette maison, à la droite du spectateur, une autre maison bâtie en briques, formant enfoncement sur la file, percée sur la rue de plusieurs croisées et d'une porte au-dessus de laquelle on lit : *petit hôtel garni*. Cet hôtel a également plusieurs étages. Sur l'autre côté de la maison de *Renardin* est une autre maison d'un ordre différent, percée de même de plusieurs croisées et à plusieurs étages.

L'intérieur des trois pièces du premier étage de la maison de *Renardin* doit être à découvert le plus qu'il est possible; on doit sur-tout voir bien distinctement les deux portes latérales qui donnent du salon dans la chambre de mademoiselle *de la Girondière* et dans celle de *Clémence.* On voit dans la chambre de la première une glace, une petite chiffonnière avec plusieurs journaux dessus et quelques cartons de modes; dans la chambre de *Clémence*, une harpe près de la croisée. Dans le salon, meubles analogues : au fond et en face de la grande croisée à balcon de pierre, une porte à deux battans donnant sur une antichambre.

Nota. Cette décoration étant très-compliquée et d'une nécessité absolue pour le succès de l'ouvrage, le plan, le dessin et toutes les explications locales sont gravés en tête de la partition.

L'INTRIGUE

AUX FENÊTRES,

OPÉRA-BOUFFON EN UN ACTE.

SCÈNE PREMIÈRE.

SATINÉ *seul, en bonnet de velours et en petite robe-de-chambre de ratine.*

Monsieur Renardin m'a dit qu'il allait descendre.... Patience ! ma position est très-embarrassante...... Manufacturier de papiers peints, j'invente un genre de tenture d'un goût tout nouveau pour lequel il me faut des avances considérables que je n'avais pas ; je me tire de là par des lettres-de-change ; mais tout a mal tourné ; mon papier peint m'est resté, et l'un de mes créanciers a mis sur la place mon effet de dix mille livres, payable au porteur à jour fixe, et ce jour fixe, c'est aujourd'hui. On peut à chaque instant venir me le présenter, et sur l'impossibilité où je me trouve de l'acquitter, protès, saisie, etc....... Craindre une prise de corps au moment de mon mariage, c'est fort désagréable ! Mais voici M. Renardin..... La dot est ma seule ressource pour acquitter mon effet ; conservons donc cet air ouvert, aisé, cet air qui dit, je suis riche, et continuons de lui donner, par mes discours et mes manières, la plus haute idée de ma fortune et de ma personne.

SCÈNE II.

SATINE, RENARDIN *en bonnet à coiffe de nuit*
et en longue robe-de-chambre.

RENARDIN.

Eh bien! mon voisin, pourquoi donc me réveiller de si
bonne heure?

SATINÉ.

Il s'agit d'une affaire très-urgente : aussi, comme vous
voyez, je suis venu dans mon négligé; d'ailleurs, nous autres,
au faubourg St.-Antoine, nous en agissons sans cérémonie.

RENARDIN.

Au fait.

SATINÉ.

J'ai appris ce matin que ce petit sous-lieutenant, ce jeune
Floricourt qui, avant que vous ne fussiez convenu de me
donner votre fille, la poursuivait sérieusement, mais je dis
très-sérieusement.....

RENARDIN.

Eh bien?

SATINÉ.

Il est à Paris depuis plusieurs jours.

RENARDIN.

Comment, diable!

SATINÉ.

Vous sentez que voilà de quoi m'alarmer. Je compte infini-
ment sur les principes de mademoiselle votre fille, sur vos
soins, sur ceux de ma cousine de la Girondière, votre belle-
sœur, sur mon amabilité, ma fortune, ma manufacture, et
les petits moyens de séduction que je me propose d'employer.
Mais, vous connaissez les femmes, un habit de militaire suffit
pour leur tourner la tête. Officier réformé, ancien capitaine
d'infanterie, vous devez bien savoir.....

RENARDIN.

Vous avez raison. Je ne dis pas que si Floricourt la retrou-
vait, il ne, fît toutes les tentatives...... et, d'honneur, je ne
pourrais pas m'en fâcher.

SATINÉ.

Comment donc ça?

RENARDIN.

A son dernier semestre encore, je lui racontais souvent
mes tours de jeunesse, et j'en ai fait de bons, je puis m'en
vanter !

SATINÉ.

C'est ce qu'on dit, mon voisin.

RENARDIN.

Floricourt en a pris note, vrai, et sur ma recommandation,
il m'a promis d'en faire usage.

SATINÉ.

Sur votre recommandation !

RENARDIN.

Toutes les fois que l'occasion s'en présenterait.

SATINÉ.

Diable ! diable !

RENARDIN.

Ah ! soyez tranquille ; c'est un étourdi, mais le cœur excellent, des principes....... Il enlèverait votre prétendue, que
vous n'auriez rien à craindre.

SATINÉ.

Je ne m'y fierais pas..... Mais, s'il allait vous retrouver?

RENARDIN.

Impossible !...... Aussitôt que je me suis aperçu de son amour
pour ma fille, craignant qu'à son retour du régiment il ne

tournât contre moi-même la tactique que je lui avais enseignée, j'ai quitté le carrefour du Petit-Carreau, quartier très-brillant, et, sous mon premier nom de Renardin, je suis venu m'établir secrètement près de vous, rue du Petit-Musc, faubourg St.-Antoine. Ce quartier est peu fréquenté ; Floricourt ne me connaît que sous le nom de la Palissade ; comment diable voulez-vous qu'il me découvre ?

SATINÉ.

C'est fort bien ! mais il faut toujours prendre des précautions. Nous avions fixé le mariage à huitaine, je viens vous proposer de le conclure dès aujourd'hui.

RENARDIN.

Je n'y vois nul inconvénient.

SATINÉ.

La dot est sans doute prête ?

RENARDIN.

Depuis long-temps.

SATINÉ.

A merveilles ! Je cours à ma toilette, à mes emplettes, ensuite la signature, le repas pour trois heures, un petit bal bourgeois dans l'après-midi, ce soir tout sera terminé, et demain !..... je ne craindrai plus que Floricourt me ravisse un trésor rare et précieux dont je brûle depuis long-temps d'être possesseur, la main de votre chère fille.

RENARDIN.

Allons, voilà qui est arrangé.

SATINÉ.

Ah ! ça, vous, qui de votre aveu passiez pour un enjôleur de la première force, dites-moi comment je dois m'y prendre pour faire à votre fille ma déclaration.

R E N A R D I N.

Oh ! vous avez, je pense, assez d'usage.....

S A T I N É.

Au contraire, je n'en ai pas du tout.

R E N A R D I N.

A votre âge !

S A T I N É.

Je me suis conservé pour votre fille..... Vous riez ? vrai,
je me suis conservé pour elle.

R E N A R D I N.

Il faut attaquer son esprit, son cœur.

S A T I N É.

C'est bon ! c'est bon ! j'attaquerai l'esprit, j'attaquerai le
cœur, j'attaquerai tout !..... Quant à la dot.....

R E N A R D I N.

Vous l'aurez en signant le contrat.

S A T I N É.

Sans adieu, beau-père. (*A part.*) Tout va bien ! pourvu
que mon maudit créancier ne se présente pas encore !......
Chaque particulier que je rencontre, je crois toujours qu'il
a mon petit effet dans sa poche : d'honneur, je crois qu'il l'a
dans sa poche. (*Il sort.*)

S C È N E   I I I.

R E N A R D I N *seul.*

C'est un drôle de corps que ce Satiné ; mais sa manufacture est considérable....... Et puis j'ai pour principe, moi,
qu'une fille jeune et jolie est encore mieux dans les bras d'un
époux que sur les bras d'un père.

AIR.

Ah! quel plaisir je me promets
A cette noce, à cette fête !
D'ici, je vois que tout s'apprête
Pour bien seconder mes projets.
Sans me flatter, oui, je me pique
D'avoir le plus brillant repas ;
Le jeu, la danse, la musique,
Ah! quel vacarme! ah! quel fracas !
Jamais plus belle compagnie
Dans le faubourg ne se vit réunie ;
C'est le brasseur, c'est l'épicier,
  Le tapissier,
  Le tabletier,
  Le miroitier,
  Le clinquailler,
Tous les gros bonnets du quartier.....
Entr'eux ni fierté ni rancune,
Chacun courtise sa chacune ;
Ici, le gros marchand de bois
S'échauffe auprès de la fumiste ;
Le teinturier, d'un ton grivois,
Fait rougir la jeune ébéniste ;
L'épinglier, d'un air sournois,
Pousse sa pointe en tapinois
A madame l'éventailliste.
Tous sont contens, tous sont joyeux ;
La fête est charmante et complète :
Pour boire et pour conter fleurette,
Moi, je tiens tête à chacun d'eux.

Quant à ce Floricourt, c'est un aimable étourdi, j'en conviens ; mais il n'a point de fortune... Allons réveiller ma sœur de la Girondière, afin qu'elle dispose Clémence à l'accomplissement de nos projets. (*Il rentre chez lui.*)

SCÈNE IV.

FLORICOURT, LORANGE.

*(Pendant la ritournelle on entend dans la coulisse plu-
sieurs coups de marteau.)*

DUO.

Floricourt, *entrant par la coulisse à la gauche du
spectateur , en petit uniforme couvert d'un surtout.*

Frappons encore à cette porte.

Est-ce ici que demeure monsieur de la Palissade?

Une voix forte répond : Non.

(Il traverse le théâtre et entre dans la coulisse vis-à-vis.)

Lorange, *paroissant à la première coulisse.*

En vain je frappe à cette porte. *(Il frappe.)*

Monsieur de la Palissade ne loge-t-il pas dans cette maison ?

Une autre voix répond : Non.

Maudit Argus, que le diable t'emporte!

Floricourt, *frappant à la porte de Renardin.*

Est-ce ici que demeure monsieur de la Palissade?

Une voix aigre à travers la porte : Je ne connois pas ce nom-là

Floricourt, *s'avançant sur la scène.*

Comment finira tout ceci?
Je cherche celle que j'adore
Et ne puis la trouver encore !
Lorange , viens donc par ici.

Lorange.

Que de fatigues! que de peines!

Floricourt.

Toutes nos recherches sont vaines !

4

LORANGE.

Pourtant je me suis dépêché.
Dès le point du jour j'ai marché,
De tout côté escarmouché,
Je n'ai fait nulle découverte,
Et cependant je suis alerte....
Le diable d'homme est bien caché.

FLORICOURT.

N'importe, il y va de ma vie,
Je ne quitte point la partie.

LORANGE.

Nous ne quittons point la partie.

ENSEMBLE.

En vain il a cru s'esquiver,
Ce monsieur de la Palissade;
Nous parviendrons à le trouver,
Et nous tenterons l'escalade.

FLORICOURT.

Mais avant de songer à l'escalade , encore faudrait-il découvrir la demeure de ce la Palissade.

LORANGE.

Attendez !... J'imagine un excellent moyen... une idée lumineuse ... un trait de mon génie ! (*Il sort.*)

SCÈNE V.

FLORICOURT *seul.*

Ma foi ! laissons-le faire.... Je suis furieux contre ce vieux capitaine ! .. Je vais passer trois mois au régiment, aussitôt mon retour je me hâte de me présenter à son ancien domicile , je ne l'y trouve plus ; je découvre qu'il est venu se loger rue du Petit-Musc : mais c'est en vain que nous l'avons demandé ; c'est sa maudite belle-sœur , à qui j'ai négligé de faire la cour, qui

m'aura desservi dans son esprit ; mais en dépit de la vieille ridicule et du rusé capitaine, j'espère triompher de tous les
obstacles.

A I R.

O ma Clémence !
Si ta constance
M'offre en ce jour
Un doux retour,
Plus de souffrance,
On peut d'avance
Charmer l'absence
Quand l'espérance
Reste à l'amour.

D'un seul coup d'aile,
L'amour fidèle
Brave l'humeur
D'un vieux tuteur.
Duègne cruelle
En vain querelle,
On se rit d'elle
Quand de sa belle
On a le cœur.

Ah ! si je pouvais découvrir ce la Palissade !..... Que
j'aurais de plaisir à me venger du tour qu'il me joue, à lui
prouver que j'ai su profiter de ses leçons !... Mais voici
Lorange ... Que diable m'amène-t-il là !... Tous les commissionnaires du carrefour !... Quel peut être son projet ?

SCÈNE VI.

FLORICOURT, LORANGE, COMMISSIONNAIRES.

MORCEAU D'ENSEMBLE.

LORANGE.

J'ai tout arrangé promptement,
J'amène les auxiliaires.

FLORICOURT.

Que fais-tu là ?

LORANGE.

Dans un instant
Je force toutes les barrières.
Rangez-vous tous. Etes-vous prêts ?

LES COMMISSIONNAIRES.

Nous sommes prêts !
Nous voilà prêts !

LORANGE.

C'est bien ! . . . . Donnez-moi vîte votre bourse ?

FLORICOURT.

Tiens, la voilà !

LORANGE.

Des grands succès,
Dans les amours, dans les procès,
Voilà, voilà la véritable source !

(*Aux Commissionnaires.*)

Voyez, voyez !

LES COMMISSIONNAIRES.

Donnez , donnez.

LORANGE.

Du zèle et de l'intelligence
Elle sera la récompense.

LES COMMISSIONNAIRES.

Donnez-donc !

LORANGE.

Un petit moment ;
Nous attendrons l'événement.
Commencez vîte l'attaque,
Dans ce coin , moi je me braque ;
Le nez en l'air , regardons bien.

FLORICOURT.

Par ma foi ! je n'y comprends rien.

L E S C O M M I S S I O N N A I R E s *dispersés çà et là.*

Au feu ! au feu ! au feu !

F L O R I C O U R T *effrayé.*

Qu'entends-je ? au feu !

L O R A N G E.

Ce n'est qu'un jeu ,
Ce n'est qu'un jeu.
Regardons à chaque fenêtre,
Et nous découvrirons peut-être.

S C È N E V I I.

L E S m ê M E S ; VOISINS et VOISINES *d'abord , les uns aux fenêtres , les autres sur le théâtre ;* **RENARDIN , CLÉMENCE , Mlle de la GIRONDIÈRE , LOQUINET ,** *dans l'ordre suivant.*

V O I S I N S E T V O I S I N E S.

Comment , au feu !
Comment , au feu !

L O R A N G E.

Regardons bien chaque fenêtre.

R E N A R D I N *à la croisée du second , à la gauche du parterre , en pet-en-l'air et en bonnet de nuit.*

Qu'entends-je ? au feu !
Qu'entend-je ? au feu !

L O R A N G E, *bas à Floricourt.*

C'est monsieur de la Palissade ;
Il a donné dans l'ambuscade.

F L O R I C O U R T *cachant sa figure à Renardin.*

Ah ! je comprends !

L O R A N G E.

Graces au feu ,
Que nous allons avoir beau jeu !

LES COMMISSIONNAIRES ET VOISINS.

Au feu ! au feu !

LOQUINET, *à la fenêtre de sa mansarde, en chemise et en bonnet de laine.*

Où donc est le feu ?

Mlle DE LA GIRONDIÈRE, *à la fenêtre du premier à la droite du balcon, en négligé ridicule et en cornette de nuit.*

Au feu ! grand Dieu !
Comment, au feu !

FLORICOURT.

C'est la vieille.

CLÉMENCE, *à la croisée du premier à gauche du balcon, nue tête, enveloppée dans un mantelet noir.*

Comment, au feu !
Ma tante, où donc est le feu ?

FLORICOURT, *bas à Lorange.*

Je l'aperçois, c'est ma Clémence !
Honneur à ton intelligence !

LORANGE.

Cachez-vous bien, de la prudence !

TOUS, *excepté Floricourt et Lorange.*

Mais où donc est le feu !

(*On entend battre le tambour et la garde qui s'approche.*)

FLORICOURT.

Mais, mon ami, la garde arrive !

LORANGE.

C'est le plus beau de notre jeu.

LES COMMISSIONNAIRES.

Monsieur, monsieur, la garde arrive !
Ne faut-il pas que l'on s'esquive ?

LORANGE.

Non, non ; criez toujours au feu.

LES COMMISSIONNAIRES.
Au feu ! au feu !

SCÈNE VIII.

LES MÊMES, LE CAPORAL, LA GARDE.

LE CAPORAL.

A mon poste je viens me rendre.
Mais je n'aperçois point le feu.
Messieurs , ne pourriez-vous m'apprendre.....

LORANGE, *se cachant et désignant la maison de*
Renardin.

Il a pris dans cette maison.

(*Aux Commissionnaires.*)

Dites de même , et pour raison.

LES COMMISSIONNAIRES,

(*Bas.*) Bon ! Bon !
(*Haut.*) Il a pris dans cette maison.

RENARDIN *arrivant sur le balcon de pierre.*

Comment! il est dans ma maison ?

CLÉMENCE, LOQUINET , Mlle. DE LA GIRONDIÈRE.

O ciel ! il est dans la maison ?

LE CAPORAL.

Ouvrez, monsieur ; point de réplique :
Ainsi le veut la sûreté publique.
Le feu.....

RENARDIN.

Le feu n'est point chez moi.
Retirez-vous , je vous conjure.

LOQUINET.

Je n'aperçois rien , sur ma foi !

Mlle DE LA GIRONDIÈRE.

Jamais, messieurs, je vous le jure,
Jamais le feu n'a pris chez moi.

CLÉMENCE.

Messieurs, le feu n'est pas chez moi.

RENARDIN.

Non, non, le feu n'est pas chez moi;
Vous n'entrerez pas, sur ma foi !

FLORICOURT, LORANGE.

Nous n'entrerons pas, je le vois.

LE CAPORAL.

C'est sans doute une fausse alerte.
Mais n'importe, dans le quartier
Allons vite à la découverte.
Toujours au feu j'arrive le premier.

Marche ! (*Le tambour bat de nouveau; la garde et le caporal s'éloignent.*)

RENARDIN, *regardant dans une longue vue dans la mansarde de Loquinet.*

Examinons bien le quartier.

LOQUINET, Mlle DE LA GIRONDIÈRE.

Regardons bien dans le quartier.

LORANGE *aux commissionnaires.*

Amis, voilà la récompense,
Que j'avais promise d'avance.

(*Il leur donne la bourse.*)

LES COMMISSIONNAIRES *à demi-voix.*

Faut-il encor crier au feu ?

LORANGE.

Retirez-vous, et du silence.

RENARDIN, LOQUINET, Mlle DE LA GIRONDIÈRE, VOISINS, *tous ensemble.*

Rentrons, rentrons en assurance;
Nulle part je ne vois le feu.

LORANGE.

Vous avez retrouvé Clémence.
Sur-tout, monsieur, de la prudence,
Et bientôt nous verrons beau jeu.

LES COMMISSIONNAIRES
s'éloignant.

Comptez sur nous en assurance
Quand il faudra crier au feu.
Retirons-nous, faisons silence.

FLORICOURT.

Oui, j'ai retrouvé ma Clémence;
Ah! je sens là que sa présence
De l'amour augmente le feu.

CLÉMENCE.

Conservons toujours l'espérance,
Malgré le temps, malgré l'absence,
De l'amour rien n'éteint le feu.

(*Tous les autres rentrent et ferment les fenêtres*).

SCÈNE IX.

FLORICOURT, LORANGE.

LORANGE.

Eh bien! monsieur, la belle est retrouvée : que dites-vous du moyen ?

FLORICOURT.

Mais, comment se fait-il que nous ayons vainement demandé la Palissade à cette porte?

LORANGE.

Il aura changé de nom.

FLORICOURT.

Allons nous présenter chez lui.

LORANGE.

Non pas; il refuserait sans doute de nous recevoir.

FLORICOURT.

Eh bien ! que ferons-nous.

LORANGE.

Ce que nous ferons, monsieur, je n'en sais rien !.... mais il faut chercher. Le premier point, c'est de connaître le vé-

ritable état des choses ; nous ferons valoir ensuite votre nouveau grade auprès du père , votre héritage auprès de la tante,
votre constance auprès de la fille : tâchons de nous concerter
avec elle.

FLORICOURT.

Cela me paraît difficile.

LORANGE.

Oui, monsieur, c'est difficile; mais nous n'en aurons que
plus de gloire. Agissons, et voyons d'abord la position de l'ennemi, ce qu'il peut nous opposer, et par où nous pourrons
faire brèche en cas de résistance. Notre officier réformé loge
à cette fenêtre; la vieille la Girondière, encore plus réformée
sans doute, habite celle-ci : je ne sais quel imbécile loge du
côté du ciel; nous n'arriverons pas par-là. La jeune personne
demeure ici, c'est le côté faible. Auprès est un hôtel garni,
c'est là qu'il faut établir notre quartier-général : courez vîte
y louer un appartement; moi, je reste en éclaireur, j'examine
la place, je trace nos premières lignes de circonvallation et
vous rejoins aussitôt pour commencer l'attaque.

FLORICOURT.

Observe tout ; je compte sur ton zèle. (*Il entre dans l'hôtel
garni.*)

SCÈNE X.

LORANGE *seul.*

La Palissade ne s'attend à rien; il ne me connaît pas; mon
maître a eu soin de se soustraire à ses regards. Voyons un
peu comment nous pourrons arriver jusqu'à la belle.

RÉCITATIF.

Pour bien servir le plus généreux maître,
Amour, amour, inspire moi;
Tu sais ce que j'ai fait pour toi :
Pour toi j'ai tant de fois monté par la fenêtre,
Pour toi je fus un jour jeté par la fenêtre.
Amour, amour, inspire-moi.

Air :

(*Allegretto.*) Dieu charmant, prête-nous tes ailes.
  Toi qui domptes les plus cruelles,
  Et, par adresse ou par hasard,
  De temps en temps les rends fidelles.
  Jette un favorable regard
  Sur nos entreprises nouvelles,
  Et pour triompher avec art
  Et d'une duègne et d'un vieillard,
  Dieu charmant, prête-nous tes ailes.
(*Cantabile.*) Ici languit dans la captivité
  Rose naissante à peine à son aurore,
  Bouton charmant qui n'attend pour éclore
  Que le bonheur promis à la beauté.
  Toi qui domptes les plus cruelles, *&c.*

Mais voici quelqu'un... Eloignons-nous. (*Il rentre dans la coulisse et reparaît un moment après, se tient à l'écart, le chapeau sur les yeux.*)

SCÈNE XI.

SATINÉ, LORANGE *à part.*

SATINÉ *en grande toilette ridicule, plusieurs portions de rouleaux de papiers peints.*

Enfin j'ai fini ma toilette et mes emplettes!... Quelle trotte!

LORANGE.

Il paraît vouloir entrer dans la maison.... Observons.

SATINÉ, *s'époussetant avec son mouchoir.*

Auparavant arrangeons-nous un peu.... La frisure est bien, je n'ai pas mis mon chapeau... Pas une mouche sur le bas de soie.

LORANGE.

Plaisant original!

SATINÉ.

Les rouleaux sous le bras gauche : c'est cela !... Le chapeau de là, tout neuf de ce matin... La boucle ovale à perles.... Je crois que je suis très-présentable ....Frappons chez ma prétendue.... (*Il frappe chez Renardin.*)

LORANGE.

Sa prétendue ! Est-ce qu'il épouseroit la tante ?

SATINÉ *à part.*

Il me tarde d'entrer ; car je crains toujours de rencontrer mon billet au porteur.

SCÈNE XII.

LES MÊMES, LOQUINET, *toujours à sa mansarde.*

LOQUINET.

Qui frappe ?... Est-ce encore la garde ?

SATINÉ.

C'est moi, portier, c'est moi ?

LORANGE.

Tiens, le portier ! où diable est-il niché ?

LOQUINET.

Ah ! ce n'est que vous, monsieur ?

SATINÉ.

Moi-même, Loquinet.

LORANGE *riant.*

Loquinet !

SATINÉ.

Ouvre-moi vite.

LOQUINET.

Pas possible !

SATINÉ.

Comment ?

LOQUINET.

C'est que c'est un événement..... Figurez-vous que le feu.....

S A T I N É.

Le feu serait chez vous ?

L O Q U I N E T.

Pas si bête !... Mais la garde qui arrive, monsieur qui se fâche, mamselle qui a peur, moi qui ne suis pas trop rassuré, les voisins qui crient, le tambour qui bat, le caporal qui jure, la crainte des voleurs.... Enfin vous comprenez bien qu'c'est c'qui fait qu'j'ai la défense d'ouvrir à personne.

S A T I N É.

Ma cousine de la Girondière y est-elle ?

L O Q U I N E T.

Toujours, monsieur : qu'est-ce qui garderait notre jeune demoiselle ?

S A T I N É.

Eh bien ! mon garçon ...

L O Q U I N E T.

J'en suis fâché, mais je ne puis pas vous entendre. (*Il ferme sa fenêtre.*)

S A T I N É.

O mon Dieu ! il me laisse là !... Ma cousine Gertrude?... Elle n'aime pas ce nom-là, il est trop vieux .... Ma cousine Mimi ?... Elle aime pourtant bien celui-ci, quoiqu'il soit un peu jeune.... Mademoiselle Gertrude-Mimi-de-la-Girondière?... Enfin elle ouvre sa fenêtre.

SCÈNE XIII.

LES MÊMES, Mlle DE LA GIRONDIÈRE *coiffée seulement, et en peignoir élégant.*

Mlle DE LA GIRONDIERE.

Qui peut appeler de la sorte ? Est-ce encore un accident ?

SATINÉ.

C'est moi, petite cousine. Puisque c'est vous qui avez arrangé mon mariage, faites-moi donc ouvrir.

MLLE DE LA GIRONDIÈRE.

C'est trop juste.

LORANGE.

Miséricorde !... Viendrait-il épouser la jeune personne ?

SATINÉ.

Dépêchez-vous, je vous prie : j'apporte les papiers.

LORANGE.

O ciel ! déjà le contrat !

SATINÉ.

Les plus beaux papiers peints de ma manufacture.

LORANGE.

Ah ! c'est un manufacturier !

MLLE DE LA GIRONDIÈRE.

C'est bien !.. Et moi je vais vous faire ouvrir, et disposer ma nièce à vous recevoir avec les égards, les sentimens.... en un mot, comme le mérite mon cousin Roc-Satiné. Loquinet, va ouvrir, mon garçon. (*Elle disparaît.*)

SCÈNE XIV.

LORANGE, SATINÉ, LOQUINET.

LORANGE *avançant.*

Roc-Satiné !

SATINÉ.

Diable ! voilà quelqu'un qui me regarde comme s'il avait mon effet.

LOQUINET *à la porte.*

Monsieur, v'là qu'c'est ouvert.

SATINÉ.

Dépêchons-nous d'entrer. (*Il entre.*)

SCÈNE XV.

LORANGE *seul.*

Surcroît d'embarras ! un rival dans la maison, la porte fermée pour tout le monde, un père en état de nous tenir tête, une fille qu'on veut contraindre, une tante qui mène tout ; voilà qui devient compliqué, diabolique, charmant, en un mot digne de moi. Le balcon s'ouvre, allons rejoindre mon maître, et voyons s'il a loué dans cet hôtel un appartement. (*Il entre dans l'hôtel garni.*)

SCÈNE XVI.

Mlle DE LA GIRONDIÈRE, CLÉMENCE.

Mlle DE LA GIRONDIÈRE *très-parée, apportant une chaise sur le balcon.*

Venez, ma nièce, venez. Moi mon tricot, vous votre broderie : charmans ouvrages pour des demoiselles. Nous allons travailler en prenant l'air sur ce balcon. J'ai à vous communiquer des choses de la plus haute importance, auxquelles il est de mon devoir de vous préparer tout doucement.

CLÉMENCE.

Je vous écoute, ma tante.

Mlle DE LA GIRONDIÈRE.

Mais avant tout ... dites-moi, je vous prie, pourquoi votre toilette est aussi négligée ?... Voyez-moi tous les matins, dès neuf heures, frisée, chaussée, parée ... On ne sait pas qui l'on peut recevoir.

CLÉMENCE.

O ma tante ! vous savez bien que je n'attends personne qui puisse m'intéresser.

Mlle DE LA GIRONDIÈRE.

Vous n'attendez pas !... Nous autres demoiselles, nous devons toujours attendre..... Allons, ma nièce, disposez-vous à recevoir la déclaration de mon cousin Satiné.

CLÉMENCE.

Mais, ma tante, Floricourt...

Mlle DE LA GIRONDIÈRE.

C'est un mauvais sujet, un petit impertinent, qui ne m'a jamais seulement proposé .... son bras ... jeune homme sans fortune, sans conduite. Au lieu que Roc-Satiné, mon cousin, manufacturier, les plus belles entreprises, un courant ... un courant considérable ...(*Mouvement de Clémence.*) Paix, mademoiselle .... tout est arrangé, disposé, convenu .... ce matin les accords, et ce soir ...(*Autre mouvement de Clémence.*) Paix, vous dis-je.... (*A part.*) Je savais bien que je l'y déciderais.

SCÈNE XVII.

LES MÊMES, RENARDIN, SATINE.

SATINÉ *sur le balcon.*

Peut-on entrer ?

CLÉMENCE *à part.*

Et voilà celui que l'on voudrait me donner pour époux !

RENARDIN.

Allons, mon gendre, présentez votre hommage.... et tâchez de montrer de l'esprit, *(bas)* si vous pouvez.

SATINÉ.

Ne vous inquiétez pas...... Mille pardons, mais notre union précipitée me donne aujourd'hui tant d'occupation, que je ne pourrai me développer en ce moment autant que je le voudrais. Je commence.

Mlle DE LA GIRONDIÈRE.

Commencez, mon cousin.

SATINÉ.

Depuis que je vous connais, j'ose dire, mademoiselle, que je brûle d'un feu concentré....... Vous devez bien concevoir que c'est ce qui fait que je n'y suis plus ; que vous êtes toujours là....... (*Il porte la main à son cœur.*) Bref, gaîté, sommeil, esprit, tout est perdu ; que je reste, que j'aille, que je vienne, que je dorme, que je veille...... je ne vois par-tout que votre adorable image.

Mlle DE LA GIRONDIÈRE.

Votre adorable image ! Ah ! si l'on m'en disait autant !....

SATINÉ.

Trop bonne mille fois !

CLÉMENCE.

Jamais, non, jamais je ne pourrai consentir...... (*Elle lui tourne le dos et rentre dans le salon.*)

SATINÉ.

La jolie taille !...... Mais il me semble que mon aimable prétendue ne montre pas un empressement......

Mlle DE LA GIRONDIÈRE.

Timidité de jeune personne...... Nous autres, demoiselles, une certaine retenue, cette idée terrible...... Je vous réponds de son cœur ; oui, petit cousin, je vous réponds de son cœur.

RENARDIN.

Allons, mon gendre, venez rédiger les principaux articles du contrat.

SATINÉ.

Volontiers, beau-père, rédigeons. (*Ils se retirent. En s'en allant.*) Je vais toucher la dot.

SCÈNE XIX.

FLORICOURT, LORANGE. (*Ils sont sortis de l'hôtel garni pendant les derniers mots précédens.*)

FLORICOURT.

Tu viens de l'entendre ; on prépare le contrat.

LORANGE.

Il n'est pas encore signé.

FLORICOURT.

Mais, quel est ton dessein ?

LORANGE.

D'abord, faire sortir le rival de la maison.

FLORICOURT.

Par quel moyen ?

LORANGE.

Vous allez voir. (*Il frappe chez Renardin.*)

FLORICOURT.

Où diable en veut-il venir ?

LORANGE.

Retirez-vous. (*Floricourt se cache dans la coulisse.*)

RENARDIN *sur le balcon.*

Qui frappe ?

SCÈNE XX.

LES MÊMES, RENARDIN, SATINE.

LORANGE.

Monsieur Roc-Satiné n'est-il pas dans cette maison ?

RENARDIN.

Mon gendre, on vous demande.

SATINÉ.

Que me veut-on ? (*A part.*) C'est le particulier qui me regardait tout-à-l'heure.

LORANGE.

Mille pardons, mon cher monsieur, si je vous dérange ; mais je desire vous parler à l'instant pour un objet pressant qui regarde vos intérêts.

SATINÉ.

(*A part.*) C'est mon effet. Ah ! mon Dieu ! je m'en étais douté. (*Haut.*) Je sais ce qui vous amène.

LORANGE *à part.*

Comment, il le sait !

SATINÉ.

Vous recevrez ce qui vous est dû......

LORANGE *à part.*

Comment, ce qui m'est dû !

SATINÉ.

Je serai bientôt muni de l'objet nécessaire ; vous pouvez être sûr que vous aurez votre compte. (*Il rentre.*)

LORANGE.

Que diable veut-il dire ? mon compte, l'objet nécessaire.... Serais-je découvert, et déjà me préparerait-on la récompense..... N'importe, tenons ferme, et voyons-le venir.

FLORICOURT *revenant en courant.*

Mais, dis-moi donc ce que tu prétends faire ?

LORANGE.

Dites plutôt ce qu'on prétend me faire.

FLORICOURT.

Comment ?

LORANGE.

Je crois que je touche au moment d'une crise.... On ouvre, éloignez-vous, et soyez prêt à venir à mon secours en cas d'accident.

FLORICOURT.

Mais encore une fois.....

LORANGE.

Sauvez-vous! (*Floricourt rentre dans l'hôtel garni, dont il tient la porte entr'ouverte.*)

SCÈNE XXI.

SATINÉ, LORANGE, RENARDIN *en dedans*, FLORICOURT *à la porte de l'hôtel garni.*

SATINÉ.

Monsieur, me voilà.

FLORICOURT *à part.*

Ecoutons-les.

LORANGE *se reculant.*

(*A part.*) Il n'a pas l'air si redoutable.

SATINÉ.

Pourrait-on savoir quel est l'objet.....

LORANGE *reculant encore.*

Monsieur, je suis chargé......

SATINÉ.

Parlez bas, je vous prie.

LORANGE *reculant toujours.*

Je viens vous demander.....

SATINÉ.

Le paiement de ma lettre-de-change, je le vois.

F L O R I C O U R T *à part.*

Une lettre-de-change !

L O R A N G E *à part.*

Que veut-il dire ?

S A T I N É.

Je ne puis vous la payer en ce moment ; mais demain,
demain sans faute......

L O R A N G E.

Comment , demain !.....

S A T I N É.

C'est de l'argent sûr. (*A mi-voix.*) Je me marie aujour-
d'hui , je touche la dot ce soir ; mais pas de bruit sur-tout,
vous feriez manquer mon mariage ; alors point d'argent, et
je serais dans l'impossibilité......

L O R A N G E *à part.*

Oh ! quelle découverte !

S A T I N É.

J'espère que vous aurez égard......

L O R A N G E.

Mais , je ne viens point pour une lettre-de-change.

S A T I N É.

Quoi ! vous n'avez pas mon effet ?

F L O R I C O U R T *à part.*

Si je pouvais le tenir !

S A T I N É.

Moi , qui vous prenais pour un des commis de M. Moussé.

L O R A N G E.

M. Moussé !.... Qu'est-ce que c'est que M. Moussé ?

S A T I N É.

M. Moussé , marchand brasseur , rue de Beautreillis , ici
près.

FLORICOURT à part.

Ici près !

SATINÉ.

A l'ordre de qui je sais que mon billet est passé.

FLORICOURT à part.

J'ai sur moi mon porte-feuille ; courons vîte chez le brasseur. (*Il sort.*)

SCÈNE XXII.

SATINÉ, LORANGE, RENARDIN *en dedans.*

LORANGE.

Je ne connais pas **M.** Moussé !

SATINÉ.

De quoi s'agit-il donc ?

LORANGE, *d'un ton suffisant.*

J'arrive en poste, excédé, fatigué, je me fais conduire à votre magasin, on me dit que vous êtes rue du Petit Musc, maison du Balcon..... C'est bien à M. Roc-Satiné, manu-facturier distingué, que j'ai l'honneur....

SATINÉ.

Oui, monsieur, c'est moi, Roc-Satiné, l'inventeur de tout ce qui concerne la tenture et le décor, dans le goût le plus nouveau. Je puis dire, sans me vanter, qu'on ne parle que de moi dans tous les appartemens dégarnis de la ville de Paris.

LORANGE.

On en parle beaucoup plus loin, mon cher monsieur : la tenue de votre établissement, la qualité de vos marchandises ont porté votre réputation jusqu'à la ville de..... Villers-Cotterets, d'où je viens pour faire un assortiment de papiers peints en tout genre. Il ne s'agit rien moins que de retendre à neuf l'hôtel entier de notre sous-préfecture.

S A T I N É.

L'hôtel tout entier ! (*A part.*) Si je pouvais placer là mes papiers mousselines dont on ne veut plus !

L O R A N G E.

Il faut donc me conduire à l'instant à votre magasin. (*D'un ton marqué.*) J'ai à vous donner beaucoup d'occupation.

S A T I N É.

Trop honnête, en vérité !... Mais permettez qu'auparavant je rentre un instant dans cette maison, où l'on rédige mon contrat de mariage.

L O R A N G E.

Monsieur, j'en suis fâché, mais je n'ai pas une minute à perdre, et si vous ne venez à l'instant, je me verrai forcé de me pourvoir ailleurs. Il ne s'agit rien moins que de dix-sept appartemens complets, trois cents rouleaux... le tout au comptant.

S A T I N É.

(*A part.*) Peste ! Ne manquons pas une si belle occasion ! (*Haut.*) Je suis à vous. (*A Renardin.*) Beau-père ? beau-père ?

R E N A R D I N *revenant sur le balcon.*

Que voulez-vous ?

S A T I N É.

Il se présente pour moi en ce moment une fourniture aussi honorable qu'avantageuse. (*A voix basse.*) Tout l'hôtel de la sous-préfecture de Villers-Cotterets. (*Haut.*) Monsieur ne peut attendre, je retourne à mon magasin, et pour faire supporter plus patiemment mon absence à ma chère future, je vais envoyer par un domestique à tournure que je me suis donné ce matin...

R E N A R D I N.

En vérité ?

S A T I N É.

Oui, beau-père, un domestique à tournure.

L O R A N G E *à part.*

Fort bien !

SATINÉ.

Je vais lui envover d'abord le nouveau papier à nids d'amours dont je vous ai parlé.

LORANGE *à part.*

A nids d'amours !

SATINÉ.

De plus, la corbeille de mariage.....

LORANGE *à part.*

Bon !

SATINÉ.

Qui, j'espère, donnera une idée de mon goût, de ma flamme, et de ma manière d'agir en pareille occurrence.

RENARDIN.

C'est bon ! je vais prévenir ma belle-sœur de votre envoi, de votre domestique à tournure, et je cours ensuite chez mon notaire pour faire rédiger les articles comme nous venons de les arrêter. (*Il rentre.*)

LORANGE *à part.*

A merveilles !

SCÈNE XXIII.

SATINÉ, LORANGE.

SATINÉ.

(*A part.*) C'est fort bien ! (*Haut.*) Monsieur, partons-nous ?

LORANGE.

Faites-moi le plaisir d'aller d'avance faire dérouler tout ce que vous avez de mieux. Que tout soit prêt, la facture, la quittance, les caisses d'emballage; je cours à mon hôtel prendre les fonds.

SATINÉ.

(*A part.*) On n'est pas plus rond en affaires ! (*Haut.*) Je vais tout disposer. (*A part.*) Dix-sept appartemens, trois cents rouleaux !... Et moi qui croyais que c'était le porteur de mon effet !... Ce que c'est qu'une tête frappée !... Je cours à mon magasin. (*Il sort par la coulisse à gauche du parterre.*)

SCÈNE XXIV.

LORANGE, FLORICOURT.

LORANGE.

Et d'un de parti !

FLORICOURT *accourant par l'autre coulisse.*

Ah ! mon ami, excellente nouvelle ! je prépare un tour à Satiné.

LORANGE.

Vous me le direz dans l'hôtel. Le père va sortir, je crois déjà l'entendre...Rentrons, et tâchons pendant son absence de nous concerter avec la jeune personne. (*Ils rentrent dans l'hôtel garni.*)

SCÈNE XXV.

RENARDIN *seul. Il sort de chez lui, et ferme la porte avec précaution.*

Il ne perd rien de vue, mon gendre, les affaires, les plaisirs, il mène tout de front.... Portons chez mon notaire ce projet de contrat, dont les articles sont tout à l'avantage de ma fille ; douaire, communauté, et sur-tout ce don mutuel que j'ai su lui ménager !

SCÈNE XXVI.

RENARDIN, FLORICOURT et LORANGE *à la croisée de l'hôtel garni,* CLÉMENCE *dans sa chambre.*

FLORICOURT.

Bon ! la Palissade s'en va !

(*On entend un accord de harpe dans la chambre de Clémence.*)

RENARDIN.

Ah ! ma fille répète l'air que je lui ai appris. Joli petit talent !

FLORICOURT *à la fenêtre.*

C'est elle !

RENARDIN *regardant.*

C'est Floricourt !

LORANGE *à Floricourt.*

Ne vous montrez donc pas.

RENARDIN.

Comment a-t-il pu me découvrir ? Feignons de ne l'avoir pas reconnu, et donnons-lui bien le change. (*Haut et avec intention.*) Ce don mutuel est parfaitement établi, rien ne manque au projet de contrat ; allons chez mon notaire. (*Il s'éloigne et se cache sous la fenêtre de la Girondière.*)

FLORICOURT.

Bon ! le père est parti !

LORANGE.

Il s'agit maintenant d'empêcher le don mutuel.

FLORICOURT.

Chut ! (*On entend un prélude de harpe.*)

CLÉMENCE.

ROMANCE.

1er COUPLET.

Toi, dont l'amour m'est plus cher que la vie,
Va, ne crains pas qu'on engage ma foi :
Plus on prétend, hélas ! que je t'oublie,
Plus mon cœur s'occupe de toi.

LORANGE.

Allons, monsieur, l'on vous aime toujours : vîte une conversation instrumentale.

RENARDIN.

J'ai fait une fausse sortie pour tromper l'ennemi !.. Rentrons par une marche oblique !.. Reprenons le commandement de la citadelle !.. Soutenons le siége avec honneur, et redevenons la Palissade. (*Il rentre chez lui.*)

CLÉMENCE.

2ᵉ COUPLET.

Prestige heureux ! malgré l'absence même ,
L'amour encor vient calmer mon effroi.
Non, non, jamais celui que mon cœur aime
Ne me sembla si près de moi.

SCÈNE XXVII.

FLORICOURT ET LORANGE *à la croisée de l'hôtel garni ,* CLÉMENCE *dans sa chambre* ; RENARDIN, LOQUINET, Mlle DE LA GIRONDIÈRE *peu après.*

FLORICOURT.

Prouvons-lui qu'elle a raison.

LORANGE.

Le moment est favorable.

RENARDIN *chez Clémence.*

Ma fille , faites-moi le plaisir de me suivre , j'ai à causer avec vous.

CLÉMENCE.

Volontiers, mon père. (*Il la conduit chez Mlle de la Girondière.*)

LORANGE.

D'abord , un petit prélude pour fixer son attention. (*Prélude de mandoline par Floricourt.*)

CLÉMENCE *traversant le salon pendant le prélude.*

Mais, mon père , vous ne voulez donc pas m'entendre ?

RENARDIN.

Venez, venez toujours..... Ma sœur, je vous la remets. (*Il parle bas à l'oreille de Mlle de la Girondière et retourne ensuite avec Loquinet dans la chambre de Clémence.*)

Mlle DE LA GIRONDIÈRE *fermant sa croisée.*

Ce Floricourt dans l'hôtel voisin, ah! mon Dieu!

LORANGE.

Voilà ce que c'est !.... Mais de crainte que votre voix ne soit reconnue de la tante impitoyable, je vais chanter pour vous.

FLORICOURT.

Chante !

LORANGE.

CAVATINE.

Conduits par l'espérance,
Ainsi que par l'amour,
Auprès de vous, Clémence,
Nous voilà de retour.
Si l'amant le plus tendre
De vous s'est fait entendre,
Sur la harpe à l'instant,
Par un accord charmant,
Belle, il faut nous apprendre
Si, guidé par l'amour, on peut tout entreprendre.

LOQUINET, *bas à Renardin.*

I' d'mande la permission d'entreprendre.

(*Renardin fait signe à Loquinet de l'observer, et joue un accord de harpe.*)

ENSEMBLE.

FLORICOURT, LORANGE.	RENARDIN, LOQUINET.
Ce doux prélude annonce encor	Bon! l'étourdi se flatte encore,
Pour l'amour un plus doux accord.	Amusons- Amusez- } le par cet accord

RENARDIN.

Mais, cette voix n'est pas celle de Floricourt.

LOQUINET.

Est-ce qu'ils s'raient deux après mamzelle?

LORANGE.

Maintenant, je vais négocier le point essentiel.

Même air.

D'un cruel mariage
Nous voulons vous sauver;
Le moyen le plus sage
C'est de vous enlever.
Chez une tante honnête,
Un asile s'apprête :
Sur la harpe à l'instant,
Par un accord charmant,
Daignez nous faire entendre
Si pour vous enlever on peut tout entreprendre.

RENARDIN.

Enlever ma fille !

LOQUINET.

Comme ils y vont !

FLORICOURT.

Elle hésite.

LORANGE.

La peur, l'incertitude..... mais elle y viendra.

RENARDIN.

Ma foi ! je ne risque rien ; tendons-lui l'embuscade. (*Il joue un second accord de harpe.*)

FLORICOURT, LORANGE.	RENARDIN, LOQUINET.
Ce doux prélude annonce encor	Bon ! l'étourdi s'abuse encor.
Pour l'amour un plus doux accord.	Amusons- Amusez- } le par cet accord.

LORANGE.

Eh bien ! monsieur, vous l'ai-je dit ?

FLORICOURT.

As-tu remarqué dans son jeu cette douce émotion ?

LORANGE.

Je vois d'ici ses jolis petits doigts...... Mais ne perdons pas de temps..... Mademoiselle ! mademoiselle ! résumons-nous ; nous allons descendre sous votre fenêtre.

RENARDIN.

Bon !

LORANGE.

Munis d'une échelle de cordes.....

RENARDIN.

Fort bien !

LORANGE.

Faites glisser un ruban , un cordon jusqu'en bas , pour la remonter et l'attacher à votre fenêtre.

RENARDIN.

C'est cela !

LOQUINET.

Monsieur , si nous leur faisions casser le cou ?

FLORICOURT.

Je parviens jusqu'à vous, et en dépit de ceux qui veulent nous désunir......

LORANGE.

Nous vous dirons le reste en chemin..... C'est assez, monsieur, descendons. (*Ils disparaissent.*)

SCÈNE XXVIII.

RENARDIN, LOQUINET.

RENARDIN.

Maintenant , je les attends.

LOQUINET.

Mais, monsieur , s'ils vous enlèvent, qu'est-ce qu'ils f'ront d'vous ?

RENARDIN.

Imbécille, c'est toi que je veux laisser ici.

LOQUINET *effrayé.*

Moi ! monsieur....... ne plaisantons pas.

RENARDIN.

Juge donc comme ils seront attrapés lorsqu'ils croiront trouver ici une jeune personne, de n'y rencontrer qu'un nigaud de ton espèce.

LOQUINET.

C'est vrai, monsieur, ça s'rait drôle...... mais ils sont capables de m'faire un mauvais parti.

RENARDIN.

Non, non, ne t'inquiète pas.

LOQUINET.

Pardonnez-moi, monsieur, j'veux m'inquiéter.

RENARDIN.

Je les entends, tais-toi........ Faisons vîte descendre un cordon.

LOQUINET.

Justement, v'là c'qu'il nous faut ; mais je n'reste pas.

RENARDIN.

Eh bien ! soit....... Il me vient une autre idée.

SCÈNE XXIX.

LES MÊMES ; FLORICOURT, LORANGE *descendus.*

LORANGE.

Monsieur, le cordon descend.

FLORICOURT.

Je l'avouerai, mon ami, j'éprouve un certain scrupule.

LORANGE.

Fi donc! monsieur...... M. de la Palissade ne vous a-t-il pas
dit avoir fait plus d'une entreprise pareille.

RENARDIN.

C'est vrai!

FLORICOURT.

J'en conviens!

LORANGE.

D'ailleurs, cet enlèvement ne peut faire aucun tort à la
jeune personne : ne la conduisons-nous pas chez une parente.....·
Allons, la rue est isolée, personne ne paraît, vîte à l'ouvrage.
(*Il attache l'échelle au cordon.*)

FLORICOURT.

Si je ne l'enlève pas, je la perds à jamais..... Profitons des
leçons du capitaine.

LORANGE.

La charmante petite! le joli cordon!

QUATUOR.

LORANGE.

Tirez doucement le cordon.

RENARDIN, LOQUINET.

Tirons doucement le cordon.

FLORICOURT.

Bon! elle tire le cordon!

TOUS.

Bon! bon! bon! bon!

LORANGE.

Maintenant attachez l'échelle;
Attachez bien, mademoiselle,
De votre époux, de votre amant,
Songez qu'il y va de la vie.

FLORICOURT.

Attachez bien, je vous en prie.

FLORICOURT, LORANGE.　　RENARDIN, LOQUINET, *accrochant l'échelle à une barre de fer qui est à la croisée au-dessus de la caisse de fleurs.*

Attachez bien,　　Attachons bien,
Ne craignez rien.　　Ne craignez rien.

LORANGE.

Que la petite attache bien !

RENARDIN.

Sortons vîte , et refermons bien.

LOQUINET.

Oui, sortons, et refermons bien.
(*Ils disparaissent.*)

LORANGE.

Mon capitaine, à l'escalade.
Bientôt on battra la chamade.

RENARDIN, LOQUINET.

Bien ! l'y voilà.

LORANGE.

Bon ! l'y voilà !

FLORICOURT *monté dans la chambre de Clémence.*
Mais elle n'est pas là.
Que veux dire cela ?

RENARDIN *sur le balcon avec Loquinet.*
Tra la la la , tra la la la.

FLORICOURT, LORANGE.
Dieu ! c'est le père.
O sort contraire !
Ne disons rien ,
Cachons-nous bien.

(*Ils se cachent l'un dans la chambre , l'autre sous le balcon.*)

RENARDIN.
Pour moi quel bonheur ! quelle gloire !
Vieux commandant , vaillant guerrier,
J'ai fait l'ennemi prisonnier ,
Et je remporte la victoire !

(*Pendant que Renardin chante les dernières paroles , Loquinet décroche l'échelle de corde avec un balai de crin, l'enlève et l'emporte dans le salon.*)

4

RENARDIN, LOQUINET.

Ah ! comme il doit être surpris !

LORANGE.

Mais quelle aventure nouvelle !
Je crois qu'on enlève l'échelle !

FLORICOURT.

Grand Dieu ! l'on m'enlève l'échelle.

LORANGE.

Pour cette fois nous voilà pris.

Ensemble.

FLORICOURT.

Ah ! quelle aventure cruelle !
Me voilà pris !
Me voilà pris !

LORANGE.

Ah ! quelle aventure cruelle !
Pour cette fois nous voilà pris !

RENARDIN, LOQUINET.

Ah ! comme il doit être surpris !
Ah ! ah ! ah ! ah ! le voilà pris.

SCÈNE XXX.

LORANGE *sous le balcon* ; FLORICOURT *dans la chambre.*

LORANGE.

Je n'ose remuer...... Mon maître est bloqué, fort bien ! Je ne puis aller à son secours, admirable ! Nous sommes pris en flagrant délit, comme ça se noue ; tant mieux ! J'aime la mêlée, moi ! les occasions désespérées ; c'est-là qu'on déploie son génie ! Cherchons....... Une capitulation ! plus de gloire. Une seconde escalade ! impossible. Entrer victorieusement par cette porte ! c'est cela ! Oh ! si je pouvais pénétrer dans cette maison , jamais furet lancé dans un terrier...... La porte s'ouvre, rentrons chez Saliné. (*Il sort.*)

SCÈNE XXXI.

LOQUINET *sur le balcon*, FLORICOURT *dans sa chambre*, RENARDIN *descendu*.

RENARDIN *sortant de sa maison*.

Quelle tactique j'ai déployée !.... Floricourt est bien enfermé, double verroux, porte impénétrable ; Loquinet en faction, ma sœur prévenue, Clémence en sûreté, je puis m'éloigner sans danger...... Oser pénétrer dans la chambre de ma fille !..... D'après ce que l'étourdi sait de moi, je ne puis m'en fâcher...... mais pour lui prouver que je suis encore son capitaine en fait de ruses, retournons chez Satiné, le commissaire du quartier est son parent ; pour donner à cet étourdi la leçon qu'il mérite, faisons-le prendre et garder à vue jusqu'à ce que le mariage soit conclu...... Ah ! mon petit sous-lieutenant....... Loquinet, ne perds pas de vue le prisonnier !.....

LOQUINET.

Monsieur, j'suis braqué.

RENARDIN.

Sur-tout qu'on ne laisse entrer personne avant mon retour : je reviens dans l'instant. (*Il sort.*)

LOQUINET.

Soyez tranquille. Il faut qu'il soit bien sot d'être pris ; car il ne bouge pas.

SCÈNE XXXII.

FLORICOURT, LOQUINET.

FLORICOURT *s'avançant peu à peu à la fenêtre*.

La Palissade s'en va.... Impossible de sortir de cette chambre.... Je n'entends plus Lorange...... m'abandonnerait-il ? Avançons un peu, et tâchons de découvrir......

LOQUINET.

Ah ! le v'là qui s'montre enfin !

FLORICOURT.

Toujours là, cet imbécille !

LOQUINET.

(*A part.*) J'crois qu'i'm'voit...... (*Haut.*) Eh bien ! monsieur, comment avez-vous trouvé la demoiselle ?

FLORICOURT.

Maraud, si jamais....... (*A part.*) Mais, je suis pris, modérons-nous, et tâchons de le gagner. (*Haut.*) Mon ami......

LOQUINET.

Comme ça rend poli d'être enfermé.

FLORICOURT.

Mon cher Loquinet !

LOQUINET.

Tiens, il sait mon nom.

FLORICOURT.

Mon ami, je n'ai d'espoir qu'en toi ; aurais - tu l'inhumanité.......

LOQUINET.

Comment donc, monsieur, n'êtes-vous pas à votre aise ? La chambre d'une jolie demoiselle, sa harpe pour vous amuser, son portrait pour vous tenir compagnie...... Tenez, dans le coin...... là-bas.

FLORICOURT.

Tu te moques de moi ; je le mérite. Mais, écoute : le temps presse ; je te propose cette bourse, et l'assurance du sort le plus heureux !

LOQUINET.

Oh ! l'on ne m'enjôle pas comme ça !

F L O R I C O U R T.

Songe bien que je ne serai pas toujours enfermé.

L O Q U I N E T.

Monsieur , il pourra s'faire qu'sous queuque temps.....

F L O R I C O U R T.

Eh bien ! ne dussé-je être libre que dans dix ans, si tu persistes dans tes refus, quelque part que tu sois, en quelque lieu que je te trouve , je te promets......

L O Q U I N E T.

Qu'est-ce que monsieur m'promet ?

F L O R I C O U R T.

Les plus vigoureux cent coups de bâton...

L O Q U I N E T.

Comment, monsieur !

F L O R I C O U R T.

Et cent de plus , maraud , par chaque minute que tu vas me laisser là.

L O Q U I N E T.

L'joli compte que ça m'frait au bout d'la semaine !

F L O R I C O U R T.

Malheureux ! je vais faire un vacarme épouvantable, je brise, je casse tout ce qui se trouve sous ma main , meuble de toute espèce.

L O Q U I N E T.

Mamzelle de la Girondière ? mamzelle de la Girondière ? eh ! venez donc vite ?

F L O R I C O U R T.

Allons , voilà la vieille à présent.

SCÈNE XXXIII

LES MÊMES; Mlle DE LA GIRONDIÈRE.

Mlle DE LA GIRONDIÈRE.

Qu'est-ce que c'est, Loquinet... qu'y a-t-il donc?

LOQUINET.

C'est l'prisonnier qui parle d'tout casser, d'briser jusqu'aux vieux meubles. Prenez garde à vous, je vous en prie.

Mlle DE LA GIRONDIÈRE.

Comment, monsieur, ce n'est donc pas assez d'avoir osé escalader l'appartement de ma nièce, vous vous portez encore à des excès...

FLORICOURT.

Ah! mademoiselle...

LOQUINET.

Prenez garde, il est capable d'essayer de vous enjôler comme moi.

Mlle DE LA GIRONDIÈRE.

Que t'a-t-il donc proposé, mon garçon?

LOQUINET.

Cent coups d'bâtons, mamzelle.

Mlle DE LA GIRONDIÈRE.

Comment, une pareille violence!

SCÈNE XXXIV.

LES MÊMES; LORANGE *différemment vêtu, des rouleaux de papiers sous le bras, et une corbeille de mariage à la main.*

LORANGE.

N'est-ce pas ici que demeure monsieur Renardin et mademoiselle de la Girondière, sa respectable belle-sœur?

LOQUINET.

Oui , c'est ici.

Mlle DE LA GIRONDIÈRE.

Que désirez-vous ?

LORANGE.

Mademoiselle , entré ce matin au service de monsieur Satiné, votre cousin , je suis chargé de vous dire qu'il est encore retenu par un certain particulier de Villers-Cotterets , qui , je crois , a le diable au corps.

FLORICOURT *à demi-voix.*

A merveilles !

LORANGE.

Il m'a ordonné de le précéder , et d'avoir l'honneur de vous apporter ce rouleau de papiers à nids d'amours.

Mlle DE LA GIRONDIÈRE.

A nids d'amours!... C'est le domestique à tournure dont m'a parlé mon frère.

LORANGE.

De plus , cette corbeille de mariage qui renferme pour vous , mademoiselle , certains objets de goût....

Mlle DE LA GIRONDIÈRE.

Encore une galanterie de mon cousin ! inépuisable !

LORANGE.

Mademoiselle voudrait-elle bien me faire ouvrir ?

LOQUINET.

Monsieur a défendu de laisser entrer personne.

FLORICOURT.

Ah ! diable !

LORANGE.

J'aurai cependant l'honneur de dire à mademoiselle (*s'ap-prochant avec mystère*) , de la part de monsieur Satiné , qu'il

vient d'apprendre qu'un certain monsieur de Floricourt.....
qui s'avise d'aimer sa prétendue.....

LOQUINET.

Et tenez, regardez, le v'là.

Mlle DE LA GIRONDIÈRE.

Il voulait enlever ma nièce ; mais nous le tenons.

LORANGE.

(*A part.*) Livrons l'assaut ! (*Haut.*) Mademoiselle prenez
garde à vous, car je ne doute pas qu'il ne se porte aux plus
grandes extrémités.

Mlle DE LA GIRONDIÈRE.

Comment donc ! Est-ce qu'il n'a pas déjà osé me menacer ?

LORANGE.

Est-il possible !... Je voudrais bien, monsieur, vous voir
recommencer.... Criez, menacez de nouveau, je vous le con-
seille.

FLORICOURT.

Oui, si l'on me réduit au désespoir, si l'on ne m'ouvre à
l'instant.

LORANGE.

Ne lui ouvrez pas, mademoiselle.

Mlle DE LA GIRONDIÈRE.

Oh ! le bruit ne m'intimide pas.

LOQUINET.

Sachez que mamzelle n'craint personne.

FLORICOURT.

Eh bien ! redoutez ma colère, j'ai sur moi des pistolets.

Mlle DE LA GIRONDIÈRE *effrayée.*

Des pistolets !

LOQUINET.

Restez devant, mamzelle.

LORANGE.

Comment des pistolets ! J'aime beaucoup vos pistolets.

LOQUINET.

On voit bien que vous n'êtes pas là vous.

Mlle DE LA GIRONDIÈRE.

Mon ami, ne vous en allez pas, je vous prie.

LORANGE.

M'en aller dans ce moment ! vous ne me connaissez pas mademoiselle... Il ne vous manque plus, monsieur, que de menacer d'enfoncer la porte, de maltraiter cet honnête garçon.

FLORICOURT.

(*A part.*) Secondons-le ! (*Haut.*) Eh bien ! oui , je vais enfoncer cette porte ; je saurai pénétrer jusqu'à Clémence , et malheur à quiconque se trouvera sur mon passage !

LOQUINET.

S'il allait venir sur l'balcon ?

Mlle DE LA GIRONDIÈRE.

Juste ciel ! que devenir ?

LORANGE.

(*A part.*) La crise opère... (*Haut.*) Prenez garde , mademoiselle , prenez garde, il paraît furieux ! ... Je crois qu'il brise la porte.

Mlle DE LA GIRONDIÈRE.

Comment, il brise ?

LOQUINET.

Ah ! mon Dieu ! il enfonce !

Mlle DE LA GIRONDIÈRE.

Mon ami, venez... venez à mon secours.

LORANGE.

Je ne désire que cela , mademoiselle.

Mlle DE LA GIRONDIÈRE.

Va ouvrir, Loquinet.

LOQUINET.

Monsieur a emporté la clef.

Mlle DE LA GIRONDIÈRE.

O ciel!... voilà mon passe-partout. (*Elle le jette.*)

LORANGE.

Je le tiens!... (*Criant plus fort.*) Monsieur ? monsieur ?

FLORICOURT *revenant à la fenêtre.*

Qu'est-ce encore ?

LORANGE.

Sachez que j'ai le passe-partout... oui, monsieur, j'ai le passe-partout, j'entre dans la maison et nous nous verrons de près.

FLORICOURT *jouant la fureur.*

Viens, viens... et sois bien sûr de recevoir le prix de ton audace.

LOQUINET.

Dépêchez-vous... l'escalier sur votre droite.

LORANGE *à part.*

Entrons, et jetons dans toute la maison la déroute la plus complète.

FLORICOURT.

Oh! l'excellent valet!... Calmons-nous, je suis sauvé!

LOQUINET.

Nous allons être trois contre un... nous ne le craindrons plus tant.

Mlle DE LA GIRONDIÈRE.

Que d'obligations Satiné aura à cet honnête garçon !

LORANGE, *entrant sur le balcon.*

Me voilà, mademoiselle, me voilà!.. Indiquez-moi d'abord la porte de cet audacieux rival.

Mlle DE LA GIRONDIÈRE.

C'est là, mon ami, c'est là! Mais ne vous emportez pas, il s'est calmé dès qu'il a vu que vous montiez.

LORANGE.

Il a bien fait de se calmer, très-bien fait!... Je suis là, monsieur, entendez-vous, je suis là!

LOQUINET *d'un ton capable.*

Il est là!

LORANGE.

Permettez, mademoiselle, que je remplisse les intentions de mon maître à votre égard, en vous offrant les présens...

LOQUINET.

Croyez-vous, mamzelle, qu'j'attrap'rai queuque chose dans tout çà?

LORANGE.

Vous ne serez pas oublié... Voici d'abord le papier dont vous avez sans doute entendu parler. Voulez-vous bien vous placer là, pour juger de l'effet que produisent les amours. (*Il fait asseoir mademoiselle de la Girondière au bout du balcon à gauche du spectateur.*) Vous, mon ami, tenez-vous là. (*Il fait placer Loquinet à l'autre bout du balcon et lui donne à tenir le rouleau de papier qu'il déroule.*)

LOQUINET.

En v'là un qui vous a une petite mine... on dirait qu'il se moque d'mamzelle.

LORANGE, *criant de toutes ses forces.*

Mademoiselle Clémence? mademoiselle Clémence?

Mlle DE LA GIRONDIÈRE.

Eh bien! qu'est-ce que c'est! Pourquoi appeler de la sorte?

LORANGE.

Il est bien temps que la pauvre petite connaisse aussi les nids d'amours.

SCÈNE XXXV.

LES MÊMES; CLÉMENCE, *ouvrant la fenêtre à
gauche du spectateur.*

CLÉMENCE.

Ma tante, que me veut-on ?

Mlle DE LA GIRONDIÈRE.

Rentrez, mademoiselle ... Que signifie tout cela ?

LORANGE.

Que je suis Lorange, valet de monsieur de Floricourt, et que
j'ai l'honneur de vous enfermer tous les deux sur le balcon. (*Il
sort et ferme la croisée en dedans.*)

Mlle DE LA GIRONDIÈRE.

O mon Dieu !... Loquinet, Loquinet, range-toi donc ?

LOQUINET.

Mais, mamzelle, j'suis empêtré dans les nids d'amours.

LORANGE, *à la fenêtre où Floricourt est enfermé.*

Monsieur, suivez-moi, et courons délivrer votre maitresse,

Mlle DE LA GIRONDIÈRE.

Tout est perdu ! Mon frère ? mon frère ? arrivez donc ?

SCÈNE XXXVI.

LES MÊMES; RENARDIN, SATINÉ.

RENARDIN.

Me voilà, ma sœur, qu'y a-t-il ?

SATINÉ.

Qu'est-ce que c'est, ma cousine ?

LOQUINET.

Noùs sommes enfermés dehors.

Mlle DE LA GIRONDIÈRE.

Un insolent valet s'est introduit pour délivrer le prisonnier.

LOQUINET.

C'est mamzelle qui a jeté l'passe-partout.

SATINÉ.

Soyez tranquilles, le commissaire nous suit.

RENARDIN.

Allons, mon gendre, entrons, passez devant.

SATINÉ.

Après vous, beau-père.

LORANGE, *à la fenêtre où Clémence vient de se montrer.*

Mademoiselle, suivez-nous. (*Il l'emmène.*)

Mlle DE LA GIRONDIÈRE.

Ah! comme nous avons été joués... Je réponds bien qu'une autre fois...

LOQUINET.

Oh! quand ils auront enlevé mamzelle Clémence, et qu'il n'y aura plus que vous, je n'crois pas qu'ils y reviennent.

RENARDIN, *ouvrant le balcon.*

Eh bien! ma sœur, vous vous êtes donc laissée surprendre?

SATINÉ.

Mais où donc est Floricourt?

RENARDIN.

Vous, mon gendre, parcourez la maison avec Loquinet pour chercher cet audacieux valet. (*Satiné et Loquinet partent.*) Vous, ma sœur, allez à ma fille. Moi, je me charge de Floricourt. (*Mademoiselle de la Girondière rentre dans sa chambre : Renardin revient sur le balcon.*) Ah ! ah ! je lui ferai bien voir que j'ai repris le commandement. (*Il entre dans la chambre de Clémence , où était Floricourt.*)

MÉLODRAME.

Mais je ne vois plus Floricourt : ma sœur , ma sœur , où donc est-il. (*Musique.*)

    L o q u i n e t , *à la lucarne de la mansarde.*

Monsieur , j'n'ai vu personne.

S a t i n é , *à la croisée du second étage , à la gauche du parterre.*)

Je ne les ai pas rencontrés : beau-père ! beau-père ! où sont-ils donc ?

    L o r a n g e *à Floricourt, à la porte du fond du salon.*

Alerte , monsieur ; vous là-haut , moi par ici. (*On le voit qui renferme Renardin , et ensuite mademoiselle de la Girondière.*)

    Mlle D E L A G i r o n d i è r e *à sa croisée.*

Mon frère ! mon frère ! ma nièce est partie.

    R e n a r d i n *toujours à la croisée.*

Comment , ma fille est partie ! (*Il disparaît de la fenêtre de Clémence , et y revient aussitôt en criant.*) Morbleu ! je suis enfermé !

    Mlle D E L A G i r o n d i è r e , *raccommodant sa coiffure.*

Mon frère ! mon frère ! on m'emprisonne.

    R e n a r d i n.

Satiné !... Loquinet !

    L o q u i n e t *toujours à la lucarne.*

Je suis pris dans mon cabinet.

    S a t i n é *à la même croisée du second.*

Je suis pris comme au trébuchet.

    L o r a n g e , *revenant sur le balcon en riant aux éclats.*

La déroute est universelle.

SATINÉ.

Mais heureusement voilà le commissaire.

MORCEAU D'ENSEMBLE.

LOQUINET.

Crions tous les quatre au secours.

LORANGE.

Tous comme eux crions au secours.

FLORICOURT.

Mais à quoi bon ?

LORANGE,

Criez toujours.

TOUS.

Au secours ! au secours !

SCÈNE XXXVII ET DERNIÈRE.

LES PRÉCÉDENS ; VOISINS ET VOISINES, LES COMMISSIONNAIRES, LE CAPORAL, LE COMMISSAIRE, LA GARDE.

VOISINS, VOISINES, COMMISSIONNAIRES.

Ques-ce donc ? comment au secours ?

(*On entend dans la coulisse un roulement de tambour.*)

LE COMMISSAIRE, LE CAPORAL *à la tête d'une garde.*

Pourquoi donc crier au secours ?

LORANGE, FLORICOURT, RENARDIN, LOQUINET, Mlle DE LA GIRONDIÈRE *au caporal.*

Monsieur, monsieur, daignez m'entendre.

LE CAPORAL.

Mais je ne saurais vous comprendre.

LORANGE *aux commissionnaires.*

Criez toujours.

LE COMMISSIONNAIRE.

Crions toujours
Au secours ! au secours !

LE CAPORAL *avec impatience.*

A l'instant que chacun descende.

LORANGE.

Puisqu'ici monsieur le commande ,
Bientôt il sera satisfait.
(*à Floricourt.*) Descendons, et laissez-moi faire.

(*Floricourt sort du salon avec Clémence , et Lorange ouvre
à Renardin , à mademoiselle de la Girondière et à Satiné,
qui descendent pendant le chœur.*)

LE CAPORAL.

Nous allons éclaircir l'affaire.

CHŒUR *de voisins et de voisines. Ils entourent le caporal
et l'étourdissent.*

C'est un bruit depuis ce matin !....
C'est un vacarme ! c'est un train !....

(*La musique cesse.*)

RENARDIN *arrivant sur le devant de la scène.*

Monsieur , c'est un fripon qui m'a renfermé chez moi.

LORANGE *accourant aussi.*

Monsieur le Commissaire ...

SATINÉ, *de même.*

Monsieur , c'est une trahison !...

Mlle DE LA GIRONDIÈRE *raccommodant encore sa
coiffure et accourant aussi.*

Si vous saviez ce qu'on m'a fait !

LE COMMISSAIRE *haut.*

Silence !

(*La musique recommence.*)

CHOEUR.

C'est un bruit depuis ce matin !
C'est un vacarme , c'est un train !
Silence ! silence !

LE COMMISSAIRE, LE CAPORAL, *ensemble.*

Je ne vous comprendrai jamais.

CHOEUR GÉNÉRAL.

Silence ! silence!

LE COMMISSAIRE, LE CAPORAL, *ensemble.*

Paix !

(La musique cesse de nouveau.)

LORANGE.

Monsieur le Commissaire , il ne s'agit ici (*désignant Satiné*) que d'un débiteur insolvable.

SATINÉ *s'approchant de lui.*

Eh ! c'est mon homme à la fourniture de Villers-Cotterets.

LORANGE.

(*Riant.*) Oui , monsieur , je suis l'homme à la fourniture (*sérieusement , et désignant Floricourt*), et voici le porteur de votre effet de dix mille francs.

SATINÉ *à part.*

J'étais bien sûr que je finirais par le rencontrer.

LORANGE *au Commissaire.*

Il croyait nous échapper. (*Souriant.*) Tel que vous le voyez , c'est un homme alerte et délié : ce n'est pas sans beaucoup de peine que nous sommes parvenus à nous assurer de sa personne en attendant votre arrivée.

RENARDIN.

Quoi! mon gendre , un effet de dix mille francs !

FLORICOURT.

Oui, monsieur, de dix mille francs, passé à mon ordre , payable aujourd'hui même.... Voyez, monsieur.... *(Il présente le billet à Satiné.)*

SATINÉ *lisant sur le billet.*

Moussé, brasseur.... C'est bien çà !

Mlle DE LA GIRONDIÈRE.

Comment donc, petit cousin ! au moment de vous marier !.. Quand on a besoin de tous ses fonds !....

RENARDIN.

Mais votre position n'est donc pas aussi brillante ?...

SATINÉ.

Il est vrai que je suis un peu gêné en ce moment.

LOQUINET *toujours à sa mansarde.*

Et moi donc ?

SATINÉ.

Mais j'espère que vous allez m'avancer sur la dot ...

RENARDIN.

La dot de ma fille servirait à rétablir vos affaires !... Oh! l'on ne me trompe pas de la sorte.

CLÉMENCE.

Mon père, daignez consentir...

Mlle DE LA GIRONDIÈRE.

Paix ! mademoiselle.

SATINÉ.

Quoi ! petite cousine, vous m'abandonneriez aussi!

Mlle DE LA GIRONDIÈRE.

Fi donc ! monsieur Satiné ! oser se présenter pour ma nièce avec un déficit aussi considérable !

LORANGE.

Souffrez donc, monsieur le Commissaire, que nous réclamions ici l'intervention protectrice de votre autorité.

SATINÉ.

Quoi ! vous pourriez me laisser aller en prison ?

UN **HUISSIER** *parmi les voisins , perçant la foule.*

(*A Floricourt.*) Monsieur , je suis huissier exploitant dans tout le faubourg : si vous voulez me remettre votre effet . . .

FLORICOURT.

Non , monsieur, non : je ne porterai pas à ce point la sévérité.

LORANGE *à Satiné.*

Quelle délicatesse pour un rival !

FLORICOURT.

Que M. Satiné renonce à ses prétentions sur mademoiselle , et je m'engage à ne faire contre lui aucunes poursuites.

SATINÉ.

Du temps, monsieur , du temps... Tout bien considéré, je reste garçon.

LORANGE.

Allons , monsieur le commandant , vous avez été battu dans vos lignes, terminons militairement.

FLORICOURT.

En faveur des leçons que vous m'avez données , pardonnez-moi cette folie : depuis un mois je suis capitaine ; je viens d'hériter d'un oncle opulent ; j'adore Clémence, et quoique votre vainqueur, je ne veux tenir que de vous le prix de ma victoire.

RENARDIN.

Le fripon s'en est tiré gaîment. Allons , ma sœur , nous résistions au lieutenant , je crois qu'il faut nous rendre au capitaine.

Mlle DE LA GIRONDIÈRE, *toisant Satiné avec dédain.*

Ce Satiné nous faire accroire !... Oui, mon frère , je consens au bonheur de ma nièce ; mais à condition (*désignant Floricourt*) que monsieur aura pour moi les égards.... et qu'il me donnera...

LORANGE.

Le bras tous les dimanches.

LOQUINET *toujours à sa mansarde.*

Et moi donc ? est-ce qu'on m'oublie là-bas ?

FLORICOURT.

Non, non : tu sais bien ce que je t'ai promis.

LOQUINET.

Ah ! ce sont là vos cadeaux de noce !.. j'aime mieux rester ici.

FINALE.

SATINÉ.

Pour moi quelle triste aventure !
Je reste avec mes nids d'amours.

TOUS, *excepté Satiné.*

Ah ! ah ! quelle aventure !

L'hymen vient à $\left\{ \begin{array}{c} \text{notre} \\ \text{votre} \end{array} \right\}$ secours.

Tous deux , beaucoup mieux qu'en peinture,
Nous formerons
Vous formerez $\Big\}$ des nids d'amours.
Ils formeront

FIN.